LE

COMITÉ DE JURISCONSULTES

DES CONGRÉGATIONS RELIGIEUSES

RAPPORT

PRÉSENTÉ A L'ASSEMBLÉE DES CATHOLIQUES, LE 19 MAI 1888

PAR

M. le Baron de MACKAU, député.

Messieurs,

Le 15 mars 1880, le trop fameux article 7 avait été rejeté par le Sénat.

La Chambre avait adopté, en réponse à ce vote et à la suite d'une interpellation développée par MM. Devès et Madier de Montjau, un ordre du jour invitant le gouvernement « à appliquer les lois relatives aux congrégations non autorisées. »

L'effort libéral du Sénat avait été ainsi annulé par le vote antilibéral de celle des deux Chambres qui aurait dû être la gardienne la plus vigilante de la liberté.

Le 29 mars, le gouvernement rendait les décrets aux termes desquels la Compagnie de Jésus était irrévocablement dissoute dans un délai de trois mois, et toutes autres

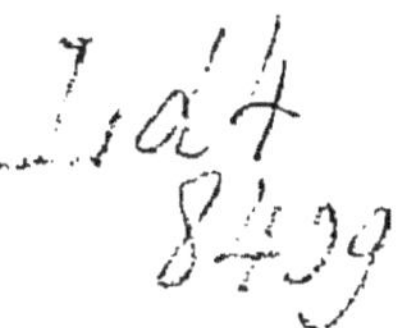

congrégations ou communautés non autorisées étaient tenues, dans les trois mois, de faire diligence pour obtenir leur reconnaissance légale.

Les droites de la Chambre et du Sénat tenaient alors une réunion extraparlementaire dans un local situé passage de la Visitation ; cette sorte de comité de vigilance, sous l'impulsion des hommes éminents qui le dirigeaient, veillait à la défense des intérêts religieux dont la droite a toujours eu la garde.

Le dépôt de la loi, dont l'article 7 était la disposition principale, constituait une menace.

Les décrets du 29 mars 1880 étaient la réalisation cynique, brutale, illégale des projets dont l'article 7 eût été l'organisation légale.

A la force, il restait à opposer la résistance appuyée sur la loi et poursuivie d'une façon réfléchie, mais résolue.

Le comité parlementaire le comprit ; il convoqua à la hâte les Sénateurs et les Députés présents à Paris et il constitua sans retard le Comité général de défense religieuse à la tête duquel fut placé le chef aimé et respecté du grand parti catholique. J'ai nommé M. Chesnelong. (*Bravos et applaudissements.*) Il constitua également un comité de jurisconsultes, instamment réclamé par les maisons religieuses, comme leur point d'appui et leur conseil indispensable dans les temps difficiles qu'elles allaient traverser.

Je n'ai pas à rendre compte ici des travaux du Comité général de défense religieuse ; le travail qui m'a été assigné est moins étendu, et je dois me borner, Messieurs, à vous entretenir du Comité de jurisconsultes des congrégations dont les travaux se poursuivent encore, après huit ans d'existence, sans que son dévouement se soit jamais démenti.

Ainsi que nous l'avons indiqué, le Comité de jurisconsultes des congrégations fut formé à la demande instante des chefs d'ordre réunis en conseil sous la présidence du R. P. Pététot de sainte mémoire.

Appelé à entrer directement en rapport avec ces pieux et éminents religieux, nous n'oublierons jamais la solennité des réunions auxquelles nous avons eu l'insigne honneur d'être admis, l'impression que nous firent éprouver le calme, la sérénité, la résolution avec lesquels délibéraient, aux heures des plus grandes angoisses, ces hommes de Dieu, sûrs de la justice et de la sainteté de leur cause. (*Vifs applaudissements.*)

Une liste de noms leur fut soumise, et ce furent eux-mêmes qui désignèrent leurs conseils, choisis parmi les hommes les plus éminents, qui, dans la magistrature, dans l'administration, dans les officiers ministériels pouvaient donner à la grande cause, dont la défense s'apprêtait, le plus de garanties et le plus d'éclat. Qu'il nous suffise de citer entre tous : MM. Connelly, Bosviel, Sabatier, Hémar, Delamarre, Benoist, Clément, Meignen, David, de Baulny, Babinet, Alix, Jac, Louchet.

Trois des supérieurs furent délégués pour assister à ces réunions qui durent commencer sans retard.

L'organisation de la défense s'imposait ; il fallait, à la fois, agir en prévision des expulsions qui s'annonçaient, préparer la défense juridique, donner à cette défense un ensemble et une cohésion de nature à impressionner le pays ; nouer des rapports avec toutes les maisons religieuses sans exception, les communautés d'hommes, comme les communautés de femmes, car les unes et les autres étaient également menacées. Il fallait assurer entre le Comité et ces communautés des relations à l'abri de toute indiscrétion ; obtenir la confiance de celles-ci et, pour cela, écarter de cette action nécessaire toute autre question, tout autre intérêt que l'intérêt religieux.

Travail considérable, difficile, que rendaient plus difficile encore la rapidité avec laquelle on devaitopérer et le défaut complet de renseignements d'ensemble.

Un document précieux nous vint toutefois en aide d'une façon bien inattendue ; il n'avait certes pas été rédigé dans ce but ; c'est l'état des congrégations, communautés et associations religieuses.

Il avait été rédigé par le gouvernement, en vue de préparer la spoliation des biens des communautés religieuses soit par voie de confiscation, soit par voie d'impôt.

C'est cependant lui qui, placé par la Providence entre nos mains, nous a servi de répertoire et nous a permis d'atteindre, dès la première heure, à peu d'exceptions près, toutes les maisons religieuses de France.

Nous pûmes ainsi, dès le début de notre organisation, entrer en correspondance directe avec NN. SS. les Evêques, 364 congrégations ou maisons religieuses d'hommes, 886 communautés de femmes, 375 avocats ou hommes d'affaires représentant les congrégations.

En même temps, il fallait prévoir la défense juridique et y pourvoir ; le Comité s'adressa à Me Rousse, l'éminent jurisconsulte devant lequel les portes de l'Académie se sont ouvertes depuis, et lui demanda de faire en 1880, en s'appuyant sur les lois et sur le droit et l'esprit publics, une consultation digne de figurer à côté de celle qu'avait rédigée, en 1845, M. de Vatimesnil. (*Applaudissements.*)

M° Rousse voulut bien accepter.

Tandis qu'il préparait son travail, le Comité dut pourvoir à la résistance légale contre les violations de domicile que les expulseurs allaient consommer.

Je n'ai pas, Messieurs, à retracer ici cette sombre et tragique histoire des expulsions; vous y avez tous assisté; tous ceux auxquels ces lignes s'adressent ont prêté leur concours aux religieux que l'on venait saisir dans leur cellule contre tout droit, jeter sur la voie publique sans la moindre des formalités tutélaires qui garantissent la liberté du domicile du plus humble des citoyens français. (*Applaudissements.*)

Je n'ai pas à rappeler les scènes poignantes et grandioses qui eurent lieu pendant ces jours de deuil où une de nos libertés les plus saintes, la liberté du foyer, était audacieusement violée; je dois me borner à indiquer le rôle du Comité dont j'ai été chargé d'esquisser l'histoire.

Sa tâche consistait à indiquer, sur tous les points du territoire, la façon dont la résistance devait avoir lieu, la manière de s'assurer les témoins nécessaires aux actes judiciaires et la limite précise à laquelle cette résistance devait s'arrêter, pour ne pas transformer le caractère qu'il importait de lui conserver.

Le Comité devait, en outre, chercher à connaître les jours et les heures des expulsions à Paris, afin de prévenir à temps les religieux et les citoyens dévoués qui consentiraient à être leurs témoins.

Cette double tâche fut accomplie; elle nécessita, pendant de longues semaines, pour les hommes dévoués qui la poursuivaient, une activité de tous les instants.

Le Comité eut la grande satisfaction de constater que, sur aucun point du territoire, ses instructions précises, parvenues à temps et sûrement, ne furent dépassées. Malgré les provocations les plus violentes et les plus perfides, pas un seul acte ne put amener contre un seul des religieux expulsés, pour fait de violation de la loi, une poursuite judiciaire dont l'effet eût pu nuire à la cause des congrégations religieuses et que, pour ce motif, le gouvernement d'alors désirait vivement.

Quant aux expulsions de Paris, elles donnèrent lieu à une foule d'incidents tristes et curieux relatés dans une série de lettres, entre la préfecture de police et le Comité : la préfecture cherchant à surprendre le Comité, abandonnant la partie, quand elle se voyait déjouée, pour la reprendre le lendemain.

C'est ainsi que se passèrent de longs jours pendant lesquels on releva avec soin tous les faits, tous les actes illégaux qui devaient donner lieu ensuite à des poursuites judiciaires. Le Tribunal des conflits allait rendre celles-ci sans résultat immédiat, mais elles devaient, du moins, venger la conscience publique en laissant au garde des sceaux d'alors et au Tribunal des conflits le poids et la responsabilité d'un véritable déni de justice. (*Vive approbation.*)

Ces poursuites eurent lieu sur cent points à la fois ; un grand nombre des agents de l'administration mêlés à ces actes odieux, compromis dans les expulsions, furent successivement mis en cause.

Un curieux recueil rédigé avec un grand soin par M. Jules Auffray, à la demande du Comité (*Les Expulsés devant les tribunaux*, Palmé, 1881), contient les nombreux arrêts rendus à cette occasion. Il constate que 102 maisons religieuses appartenant à 22 congrégations ont provoqué des instances judiciaires soit au civil, soit au criminel.

Ces ordonnances, jugements ou arrêts, sont au nombre de 252.

Savoir : 161 instances civiles.
91 — devant les tribunaux répressifs.
146 juridictions ont été saisies.

Sur les 252 instances, 211 ont donné lieu à des jugements favorables aux plaignants ; 41 seulement leur ont donné tort.

Savoir : Instances civiles	favorables.........	128
—	défavorables.......	33
Instances criminelles ou correctionnelles :		
—	favorables.........	83
—	défavorables.......	8

Sur les 146 juridictions qui se sont prononcées, 112 ont été favorables aux religieux, 34 seulement défavorables.

Ce volume est, à lui seul, une histoire saisissante de ces tristes temps ; il contient les noms des hommes qui ont eu le malheur de concourir à ces exécutions, les décisions extraordinaires des conseils académiques et du Conseil supérieur de l'instruction publique qui, répondant à l'attente du ministre et faisant, à la fois, violence au bon sens, au droit et à la grammaire, ont créé, malgré l'éloquente protestation de Mᵉ Sabatier, un singulier et nouveau délit d'immoralité. (*Rires et applaudissements.*)

Grâce à ces décisions on a pu fermer, d'un bout à l'autre du territoire, les grandes maisons d'éducation créées à l'ombre de la liberté et qui faisaient l'honneur de notre pays.

Les dernières expulsions avaient lieu dans les premiers jours de novembre 1880.

La consultation de l'honorable Mᵉ Rousse « sur les décrets du 29 mars 1880 et les mesures annoncées contre les associations religieuses » était signée le 15 juin 1880.

Si considérable que fût ce document, le Comité jugea cependant qu'il était indispensable de lui donner plus d'importance encore en s'adressant à toutes les Facultés et à tous les barreaux de France, pour obtenir leur adhésion.

Des lettres et des exemplaires furent adressés à tous les doyens de Facultés et aux bâtonniers de chacun des barreaux de France.

Le résultat fut magnifique :

225 barreaux sur 300 ont favorablement répondu à l'appel du Comité ; 2.000 avocats ont adhéré, les uns en motivant leur adhésion, les autres purement et simplement. Sur ce nombre, on compte 278 bâtonniers ou anciens bâtonniers ; entre toutes fut remarquée l'éclatante protestation par laquelle M. Demolombe adhérait à la consultation ; 22 barreaux seulement n'ont pas été représentés par des bâtonniers anciens ou en exercice.

Ce monument de droit, élevé en l'honneur de la liberté de conscience, était bien fait pour préparer les décisions des tribunaux.

Ici s'arrête, Messieurs, la période violente de la persécution. Nous entrons maintenant dans la période que j'appellerai la persécution légale.

Désormais le gouvernement, non content de dénaturer les lois existantes, va demander au Parlement de forger des lois et des armes nouvelles, non plus pour détruire violemment, mais pour étouffer progressivement les communautés religieuses.

L'action du Comité s'est traduite, depuis cette époque, de trois façons différentes :

1° Par l'envoi de circulaires générales indiquant la marche à suivre et les mesures à prendre, quand on se trouvait en face de faits ayant un caractère général.

2° Par des consultations sur des espèces spéciales, donnant lieu, chacune, à un rapport écrit, examiné et délibéré par le Comité tout entier.

3° Par des travaux particuliers sur telle ou telle question, objet de la sollicitude de NN. SS. les Évêques, ou ayant donné lieu à un débat parlementaire.

Le Comité a ainsi adressé 24 notes circulaires générales à NN. SS. les Évêques et aux communautés religieuses.

Les 6 premières renfermaient des avis relatifs aux mesures à prendre pour résister aux expulsions.

Les 18 autres ont eu pour but d'expliquer les lois fiscales des 28 décembre 1880 et 29 décembre 1884 et de combattre pied à pied, le plus souvent avec succès, les exigences de l'administration de l'enregistrement qui prétendait rendre plus dures encore des lois qui n'avaient pas été évidemment rédigées dans un sens favorable aux congrégations.

Chacune de ces notes a été envoyée à près de 3.000 exemplaires.

Le Comité avait examiné, au 31 décembre de l'année dernière, 4.928 affaires particulières et transmis autant d'avis.

Enfin, il avait rédigé de nombreuses notes, brochures ou volumes, notamment :

Sur les projets antireligieux déposés au Parlement ;

Sur les lois concordataires ;

Sur l'article 13 de la loi de finances, pour servir à la discussion devant la Chambre ;

Sur la désaffectation des biens domaniaux ;

Sur le droit de régale ;

Sur les pharmacies des maisons de secours ;

Sur la laïcisation de l'Hôtel-Dieu, des hôpitaux de Saint-Louis, Lariboisière et Beaujon.

A la demande des intéressés et de leurs défenseurs, il a dû, à l'occasion des lois fiscales, rédiger et délibérer de nombreux mémoires contre l'enregistrement, pour les communautés religieuses.

Enfin il a dirigé toute la procédure dans l'affaire de Chateauvillain et pourvu à la défense des victimes et des inculpés.

Au 31 décembre dernier, le Comité était en correspondance avec chacun de NN. SS. les Évêques, avec 1.351 communautés d'hommes et de femmes et 731 avocats avoués, notaires, hommes d'affaires représentant les congrégations.

Son enregistrement constate depuis l'origine :

111.838 numéros de correspondances ;

A l'arrivée.................... 18.431
Au départ.................... 93.407
            Total.......... 111.838

4.928 affaires examinées et autant de consultations transmises.

Tel est, Messieurs, le résumé nécessairement succinct des travaux du Comité de jurisconsultes des congrégations.

Son œuvre, pour fructifier, a dû être conduite avec beaucoup de mesure et de prudence.

Jamais le Comité, renfermé dans les limites strictement légales de l'article 291 du Code pénal, n'est sorti, sous aucun prétexte, de son œuvre strictement juridique; il l'a pratiquée avec une grande fermeté, mais avec une grande impartialité.

Aujourd'hui, après huit ans de travail, son existence n'est un secret pour personne; il a eu, maintes fois, la satisfaction d'apprendre que les agents de l'enregistrement ont dit à des communautés en discussion avec eux :

« Consultez vos conseils, ils connaissent la loi mieux que nous; nous verrons après. » (*Bravos et applaudissements.*)

C'est en suivant rigoureusement cette ligne de conduite qui lui avait été conseillée, dès les premiers jours, par les autorités ecclésiastiques les plus hautes, qu'il a conquis la confiance dont il est honoré et qu'il a pu rendre à la grande cause qui lui était confiée les services qu'on attendait de lui.

Cette année encore, il a reçu de Mgr l'Archevêque de Paris, d'un grand nombre de NN. SS. les Évêques et des communautés religieuses les plus importantes, des témoignages infiniment précieux.

Puisse bientôt se lever le jour où la persécution sera terminée, où la paix sera faite, où les comités établis pour la défense des libertés religieuses pourront se dissoudre sans compromettre les droits qu'ils ont voulu garantir et avec la conscience d'avoir rempli leur devoir et d'avoir servi dans la mesure de leurs forces la grande cause de l'Eglise !

Tel est, en effet, le vœu ardent des hommes éminents qui composent le Comité de jurisconsultes des congrégations et qui poursuivent leur tâche avec une persévérance que l'on ne saurait-trop admirer, secondés par le zèle infatigable de l'honorable M. Marty qui, depuis huit ans, a organisé et conduit le secrétariat du Comité, sans jamais se lasser. (*Bravos répétés. Double salve d'applaudissements.*)

Paris. — F. Levé, imprimeur de l'Archevêché, rue Cassette, 17.